AF219542

Impressum
Verlag: BABADADA GmbH, Nedderfeld 112 , 22529 Hamburg
Geschäftsführer / Verlagsleitung: Harald Hof
Druck: Books on Demand GmbH, In de Tarpen 42, 22848 Norderstedt

Imprint
Publisher: BABADADA GmbH, Nedderfeld 112 , 22529 Hamburg, Germany
Managing Director / Publishing direction: Harald Hof
Print: Books on Demand GmbH, In de Tarpen 42, 22848 Norderstedt

la escuela
école

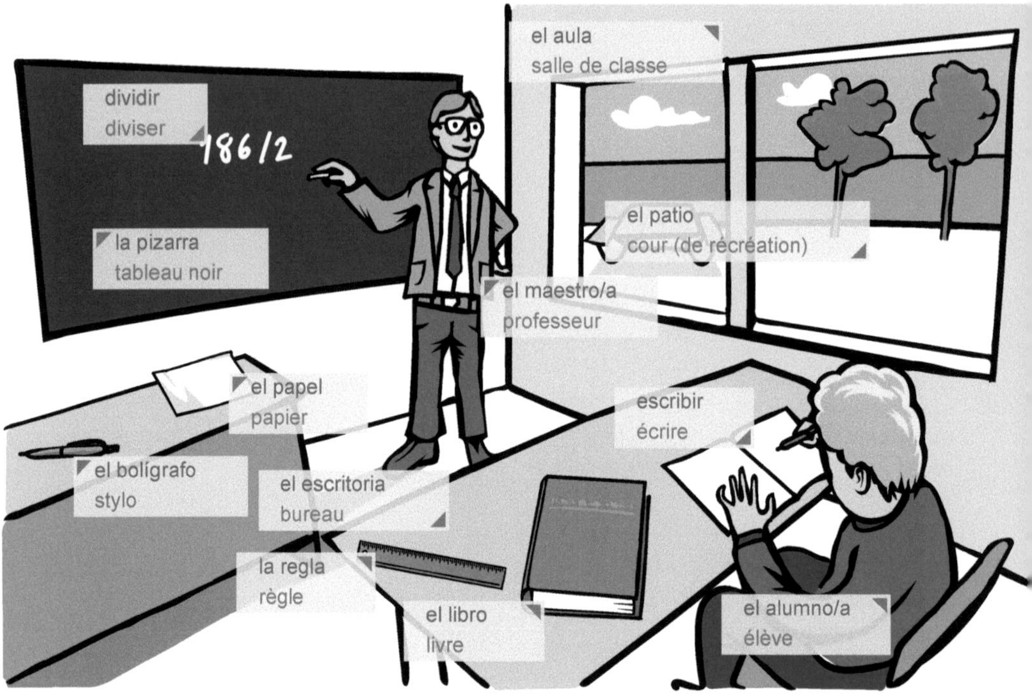
el aula
salle de classe
dividir
diviser
186/2
la pizarra
tableau noir
el patio
cour (de récréation)
el maestro/a
professeur
el papel
papier
escribir
écrire
el bolígrafo
stylo
el escritoria
bureau
la regla
règle
el libro
livre
el alumno/a
élève

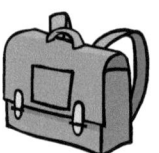

la cartera

cartable

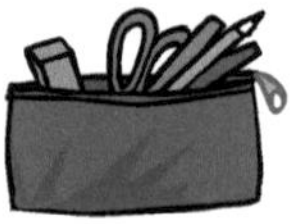

la caja de lápices

trousse

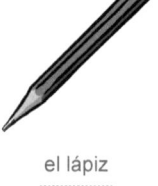

el lápiz

crayon

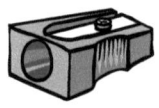

el sacapuntas

taille-crayon

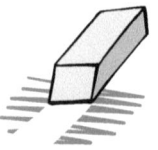

la goma de borrar

gomme

el cuaderno de dibujo

carnet à dessin

el dibujo
dessin

el pincel
pinceau

la caja de pinturas
boîte de peinture

las tijeras
ciseaux

el pegamento
colle

el cuaderno de ejercicios
cahier d'exercices

los deberes
devoirs

el número
chiffre

sumar
additionner

restar
soustraire

multiplicar
multiplier

calcular
calculer

la letra
lettre

el alfabeto
alphabet

la palabra
mot

el texto

texte

leer

lire

la tiza

craie

la lección

leçon

el cuaderno de notas

livre de classe

el examen

examen

el certificado

certificat

el uniforme

uniforme scolaire

la educación

formation

la enciclopedia

lexique

la universidad

université

el microscopio

microscope

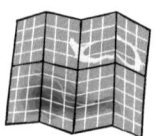

el mapa

carte

la papelera

corbeille à papier

el viaje
voyage

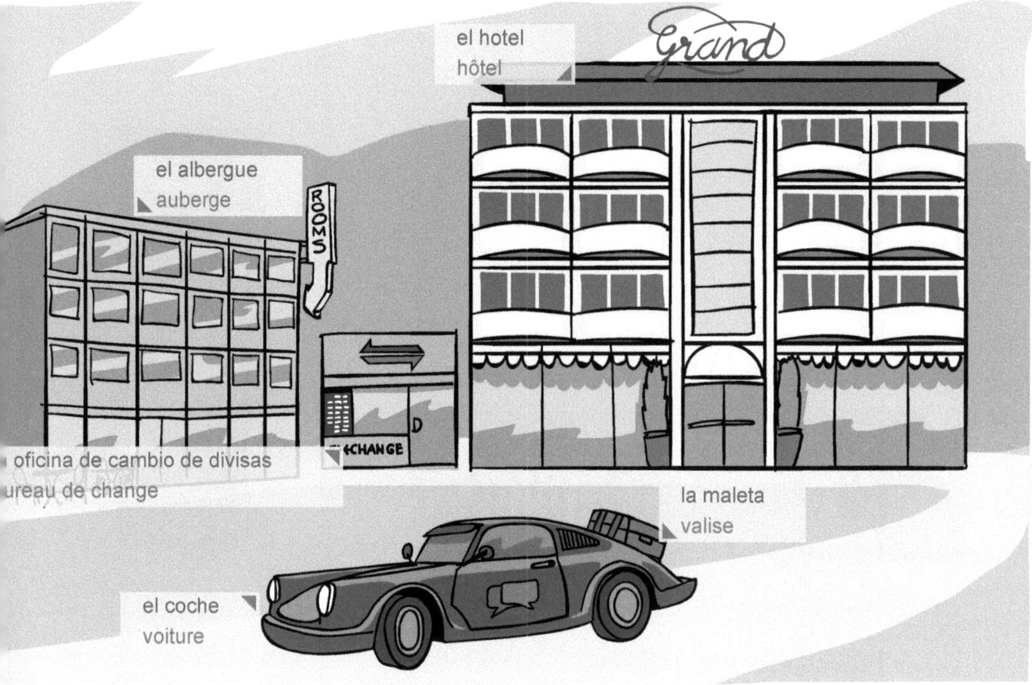
el hotel
hôtel
el albergue
auberge
ROOMS
oficina de cambio de divisas
ureau de change
EXCHANGE
la maleta
valise
el coche
voiture

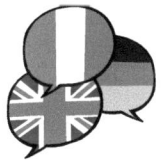

el idioma

langue

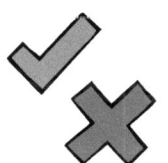

sí / no

oui / non

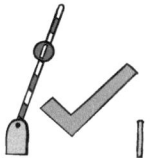

Vale

d'accord

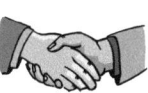

hola

Salut

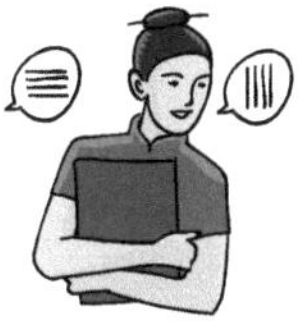

el traductor

interprète

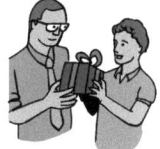

Gracias

merci

¿cuánto es...?

Combien coûte...?

No entiendo

Je ne comprends pas

el problema

problème

¡Buenas tardes!

Bonsoir !

¡Buenos días!

Bonjour !

¡Buenas noches!

Bonne nuit !

adiós

Au revoir

la dirección

direction

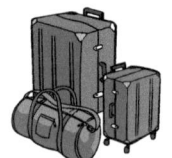

el equipaje

bagages

la bolsa

sac

la mochila

sac-à-dos

el invitado

hôte

la habitación

pièce

el saco de dormir

sac de couchage

la tienda de campaña

tente

la información turística

office de tourisme

la playa

plage

la tarjeta de crédito

carte de crédit

el desayuno

petit-déjeuner

el almuerzo

déjeuner

la cena

dîner

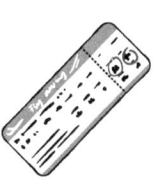

el billete

billet

el ascensor

ascenseur

el sello

timbre

la frontera

frontière

la aduana

douane

la embajada

ambassade

la visa

visa

el pasaporte

passeport

el transporte
transport

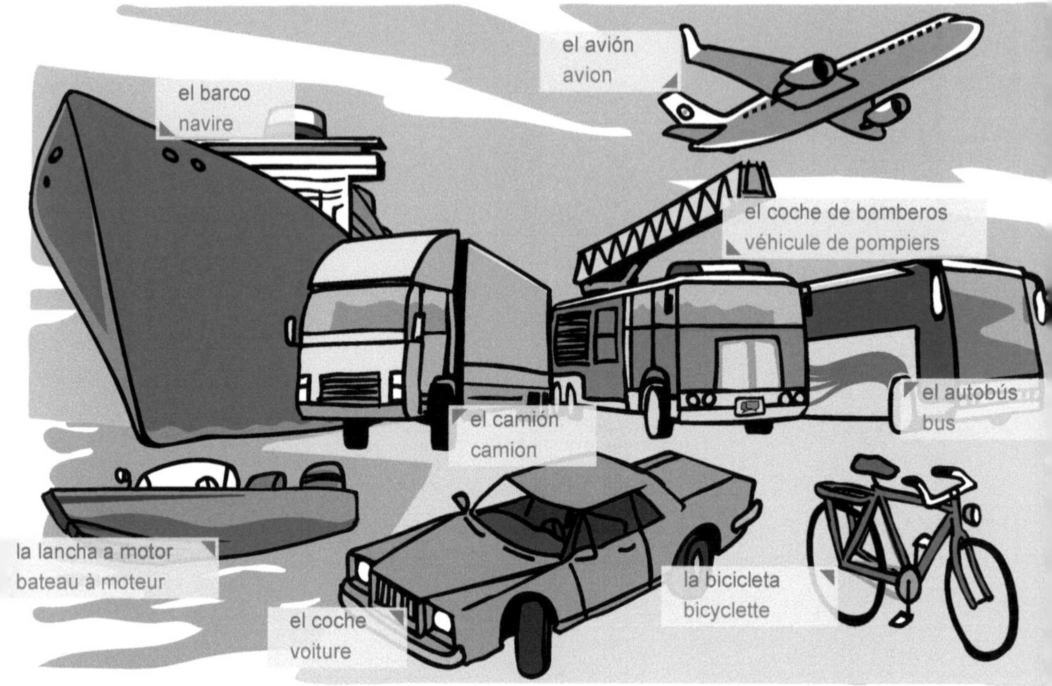
el avión
avion
el barco
navire
el coche de bomberos
véhicule de pompiers
el autobús
bus
el camión
camion
la lancha a motor
bateau à moteur
la bicicleta
bicyclette
el coche
voiture

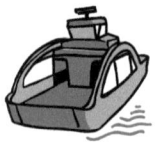

el transbordador

ferry

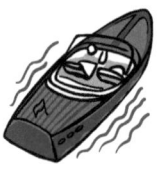

la barca

barque

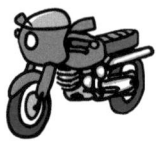

la moto

moto

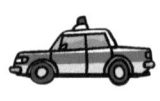

el coche de policía

voiture de police

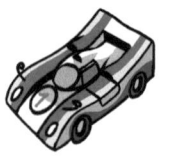

el coche de carreras

voiture de course

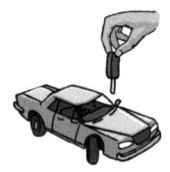

el coche de alquiler

voiture de location

el préstamo de vehículos

auto-partage

la grúa

voiture de remorquage

el camión de la basura

benne à ordures

el motor

moteur

la gasolina

essence

la gasolinera

station d'essence

la señal de tráfico

panneau indicateur

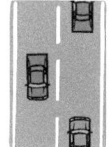

el tráfico

trafic

el atasco

embouteillage

el aparcamiento

parking

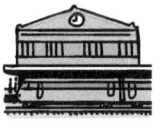

la estación de tren

gare

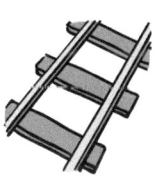

las vías

rails

el tren

train

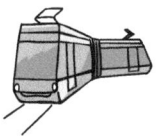

el tranvía

tramway

el vagón

wagon

el helicóptero

hélicoptère

el aeropuerto

aéroport

la torre

tour

el pasajero

passager

el contenedor

conteneur

la caja de cartón

carton

la carretilla

chariot

la cesta

corbeille

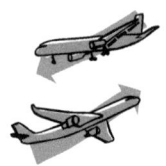

despegar / aterrizar

décoller / atterrir

la ciudad
ville

el pueblo

village

el centro de la ciudad

centre-ville

la casa

maison

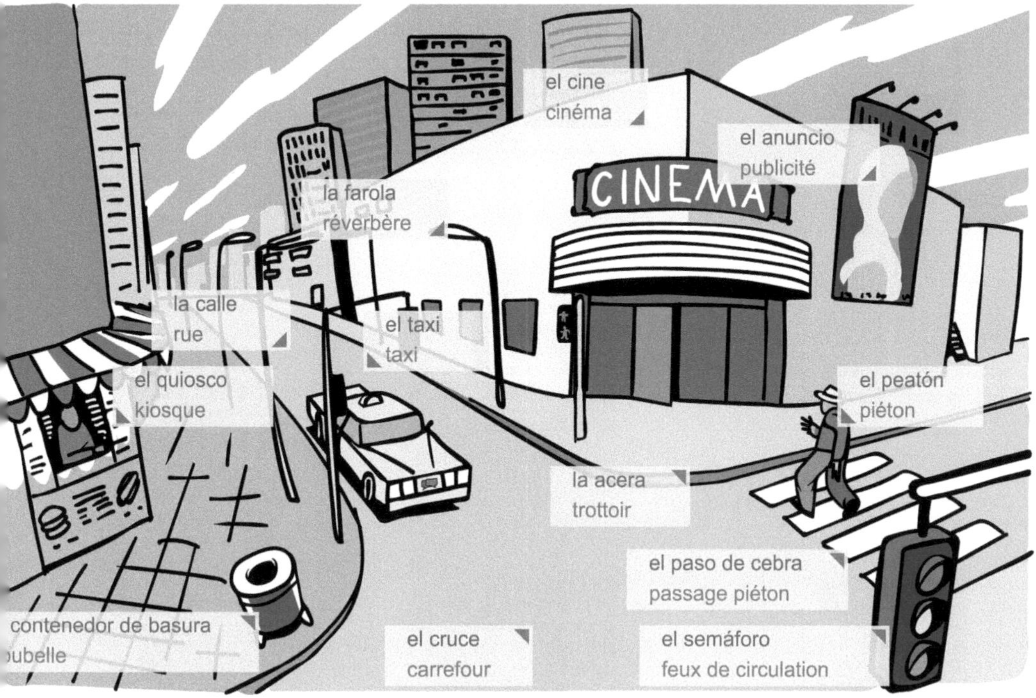

el cine
cinéma

el anuncio
publicité

la farola
réverbère

CINEMA

la calle
rue

el taxi
taxi

el quiosco
kiosque

el peatón
piéton

la acera
trottoir

el paso de cebra
passage piéton

contenedor de basura
poubelle

el cruce
carrefour

el semáforo
feux de circulation

la cabaña

cabane

el apartamento

appartement

la estación de tren

gare

el ayuntamiento

mairie

el museo

musée

la escuela

école

la universidad
université

el banco
banque

el hospital
hôpital

el hotel
hôtel

la farmacia
pharmacie

la oficina
bureau

la librería
librairie

la tienda de campaña
magasin

la floristería
fleuriste

el supermercado
supermarché

el mercado
marché

los grandes almacenes
grand magasin

la pescadería
poissonnerie

el centro comercial
centre commercial

el puerto
port

el parque

parc

el banco

banque

el puente

pont

las escaleras

escaliers

el metro

métro

el túnel

tunnel

la parada de autobús

arrêt de bus

el bar

bar

el restaurante

restaurant

el buzón

boîte à lettres

el poste indicador

panneau indicateur

el parquímetro

parcmètre

el zoo

zoo

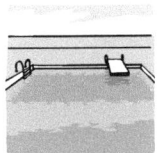

la piscina

piscine

la mezquita

mosquée

la granja
ferme

la contaminación
pollution

el cementerio
cimetière

la iglesia
église

el patio de juego
aire de jeux

el templo
temple

el paisaje
paysage

la hoja
feuille

la señal
panneau indicateur

el camino
chemin

el prado
pré

la piedra
pierre

el excursionista
randonneur

el árbol
arbre

el río
rivière

la hierba
herbe

la flor
fleur

el valle

vallée

la colina

montagne

el lago

lac

el bosque

forêt

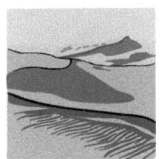

el desierto

désert

el volcán

volcan

el castillo

château

el arcoíris

arc-en-ciel

el champiñón

champignon

la palmera

palmier

el mosquito

moustique

la mosca

mouche

la hormiga

fourmis

la abeja

abeille

la araña

araignée

el escarabajo

coléoptère

la rana

grenouille

la ardilla

écureuil

el erizo

hérisson

la liebre

lièvre

la lechuza

chouette

el pájaro

oiseau

el cisne

cygne

el jabalí

sanglier

el ciervo

cerf

el alce

élan

la presa

barrage

la turbina eólica

éolienne

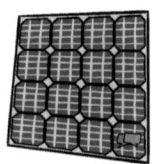

el panel solar

panneau solaire

el clima

climat

el paisaje - paysage

el restaurante
restaurant

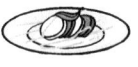

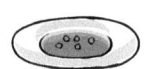

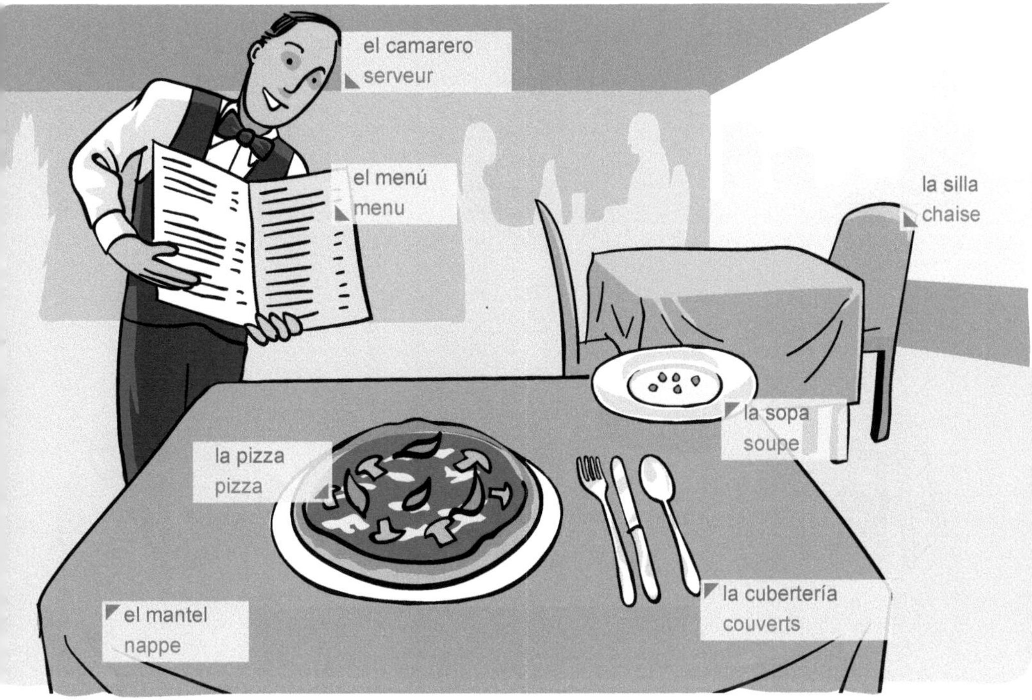
el camarero
serveur
el menú
menu
la silla
chaise
la sopa
soupe
la pizza
pizza
la cubertería
couverts
el mantel
nappe

el primer plato
hors d'œuvre

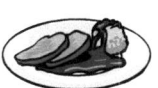

el plato principal
plat principal

el postre
dessert

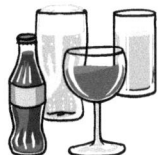

las bebidas
boissons

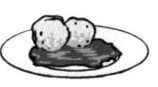

la comida
alimentation

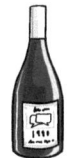

la botella
bouteille

la comida rápida

fast-food

la comida callejera

plats à emporter

la tetera

théière

el azucarero

sucrier

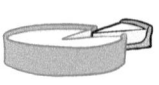

la porción

portion

la cafetera expreso

machine à expresso

la trona

chaise haute

la cuenta

facture

la bandeja

plateau

el cuchillo

couteau

el tenedor

fourchette

la cuchara

cuillère

la cucharilla

cuillère à thé

la servilleta

serviette

el vaso

verre

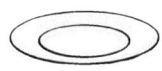

el plato
assiette

el plato hondo
assiette à soupe

el platillo
soucoupe

la salsa
sauce

el salero
salière

el molinillo de pimienta
moulin à poivre

el vinagre
vinaigre

el aceite
huile

las especias
épices

el ketchup
ketchup

la mostaza
moutarde

la mayonesa
mayonnaise

el supermercado

supermarché

la oferta especial
offre promotionnelle
FOR
el cliente
client
los lácteos
produits laitiers
la fruta
fruits
el carro de compra
chariot

BUTCHERS

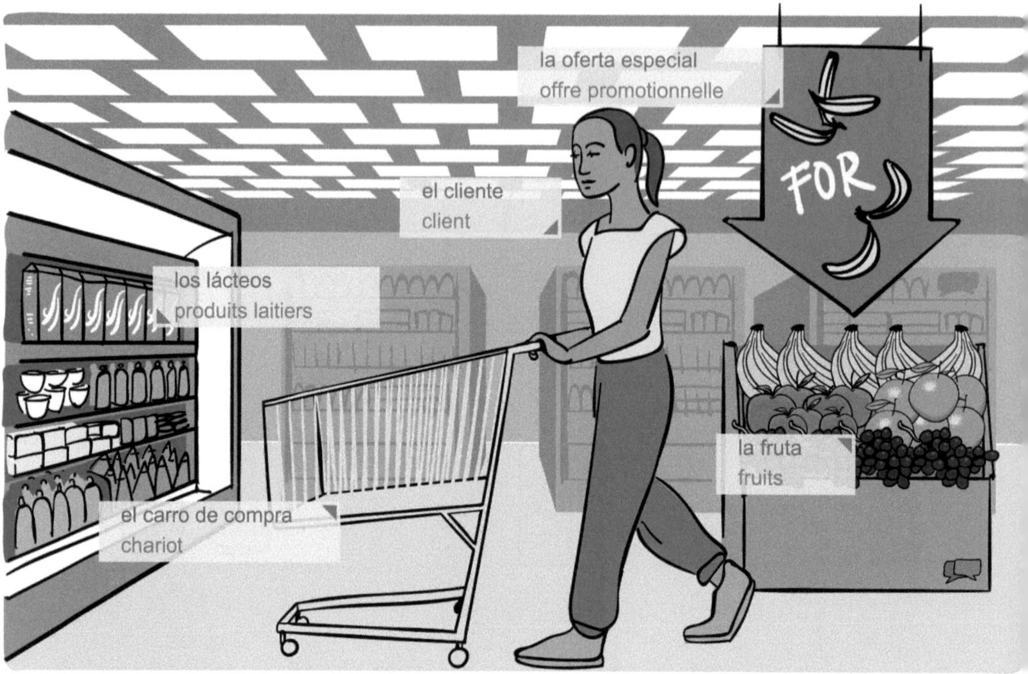

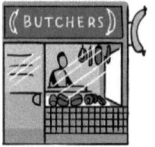

la carniceria

boucherie

BAKERY

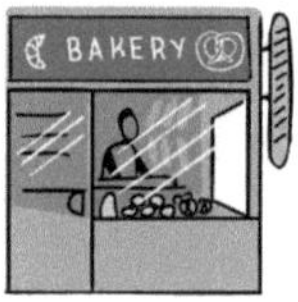

la panadería

boulangerie

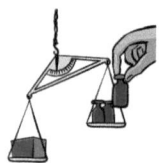

pesar

peser

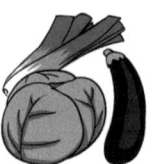

las verduras

légumes

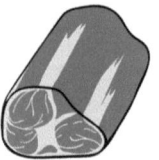

la carne

viande

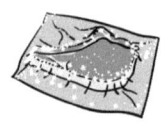

los alimentos congelados

aliments surgelés

los fiambres

charcuterie

las conservas

conserves

el detergente en polvo

poudre à lessive

los dulces

bonbons

productos de uso doméstico

articles ménagers

productos de limpieza

détergents

la vendedora

vendeuse

la caja de cartón

caisse

el cajero

caissier

la lista de la compra

liste d'achats

el horario de atención al público

heures d'ouverture

la cartera

portefeuille

la tarjeta de crédito

carte de crédit

la bolsa de plástico

sac

la bolsa de plástico

sac en plastique

el agua

eau

el zumo

jus de fruit

la leche

lait

la cola

coca

el vino

vin

la cerveza

bière

el alcohol

alcool

el cacao

chocolat chaud

el té

thé

el café

café

el expreso

expresso

el capuchino

cappuccino

el plátano

banane

la manzana

pomme

la naranja

orange

el melón

melon

el limón

citron

la zanahoria

carotte

el ajo

ail

el bambú

bambou

la cebolla

oignon

el champiñón

champignon

las avellanas

noisettes

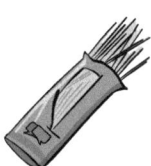

los fideos

pâtes

las espagueti

spaghetti

el arroz

riz

la ensalada

salade

las patatas fritas

pommes frites

las patatas fritas

pommes de terre rôties

la pizza

pizza

la hamburguesa

hamburger

el sándwich

sandwich

el filete

escalope

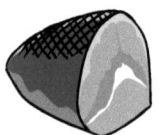

el jamón

jambon

le salami

salami

la salchicha

saucisse

el pollo

poulet

el asado

rôti

el pescado

poisson

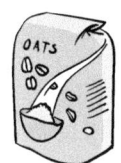

los copos de avena

flocons d'avoine

el muesli

muesli

los copos de maíz

cornflakes

la harina

farine

el cruasán

croissant

el panecillo

petits-pains

el pan

pain

la tostada

pain grillé

las galletas

biscuits

la mantequilla

beurre

la cuajada

le fromage blanc

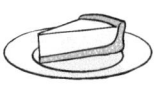

el pastel

gâteau

el huevo

œuf

el huevo frito

œuf au plat

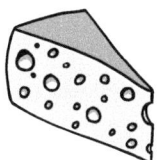

el queso

fromage

la comida - alimentation

el helado

glace

el azúcar

sucre

la miel

miel

la mermelada

confiture

la crema de turrón

crème nougat

el curry

curry

la granja
ferme

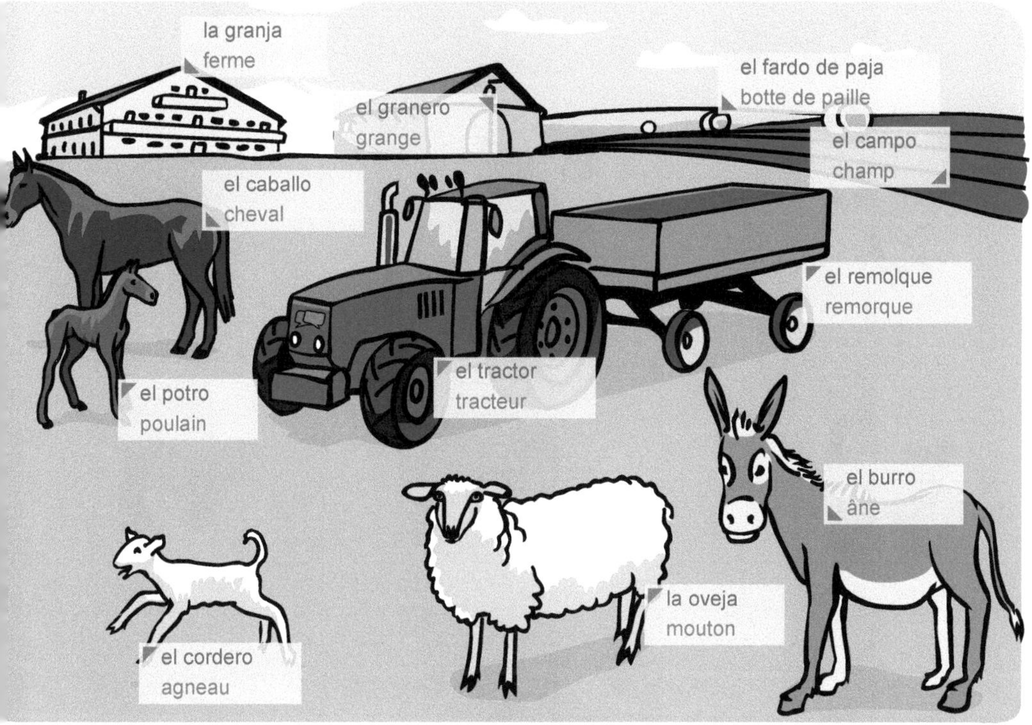
la granja
ferme
el fardo de paja
botte de paille
el granero
grange
el campo
champ
el caballo
cheval
el remolque
remorque
el tractor
tracteur
el potro
poulain
el burro
âne
la oveja
mouton
el cordero
agneau

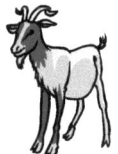

la cabra

chèvre

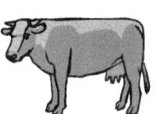

la vaca

vache

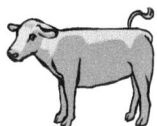

el ternero

veau

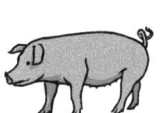

el cerdo

porc

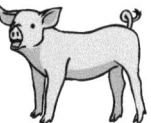

el cerdito

porcelet

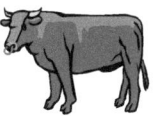

el toro

taureau

el ganso

oie

el pato

canard

el pollo

poussin

la gallina

poule

el gallo

coq

la rata

rat

el gato

chat

el ratón

souris

el buey

bœuf

el perro

chien

la perrera

chenil

la manguera

tuyau de jardin

la regadera

arrosoir

la guadaña

faucheuse

el arado

charrue

la hoz
faucille

la azada
pioche

la horca
fourche

el hacha
hache

la carretilla
brouette

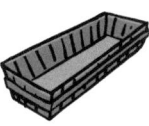

el abrevadero
cuve

la lechera
pot à lait

el saco
sac

la valla
clôture

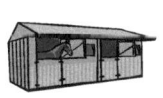

el establo
étable

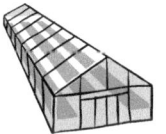

el invernadero
serre

el suelo
sol

la semilla
semences

el fertilizador
engrais

la cosechadora
moissonneuse-batteuse

cosechar
récolter

la cosecha
récolte

el ñame
igname

el trigo
blé

el soja
soja

la patata
pomme de terre

el maíz
maïs

la semilla de colza
colza

el árbol frutal
arbre fruitier

la mandioca
manioc

las cereales
céréales

la casa
maison

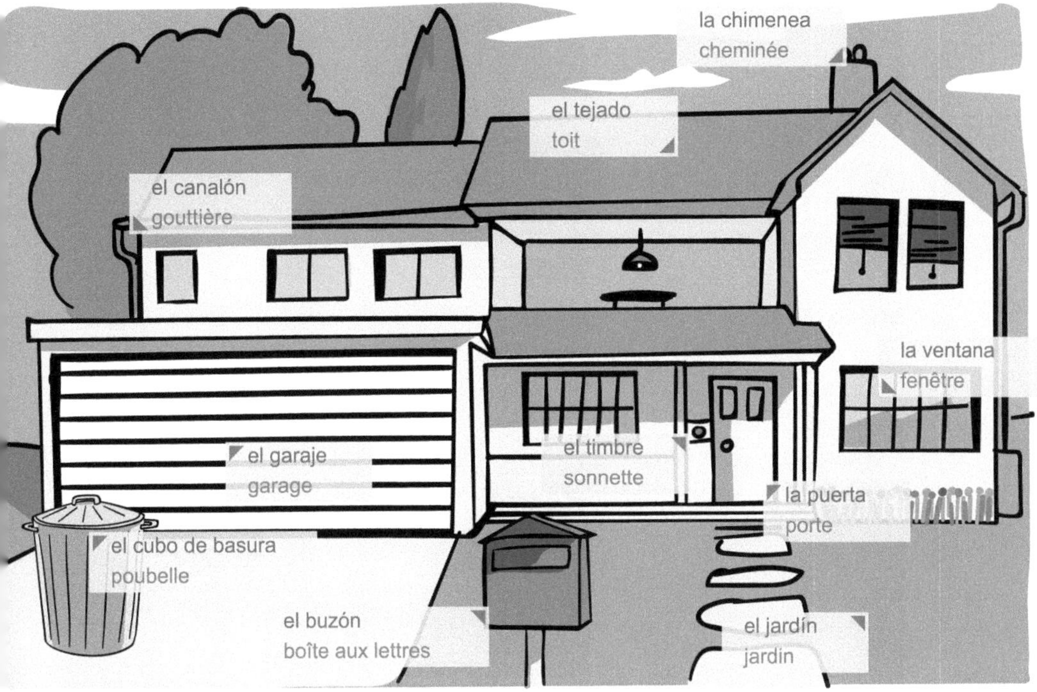
la chimenea
cheminée
el tejado
toit
el canalón
gouttière
la ventana
fenêtre
el garaje
garage
el timbre
sonnette
la puerta
porte
el cubo de basura
poubelle
el buzón
boîte aux lettres
el jardín
jardín

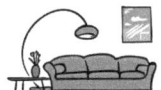

la sala
salon

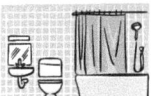

el cuarto de baño
salle de bain

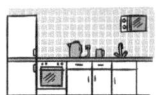

la cocina
cuisine

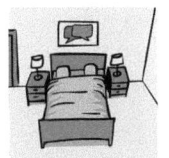

el dormitorio
chambre à coucher

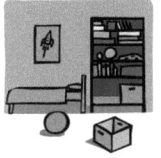

la habitación de los niños
chambre d'enfant

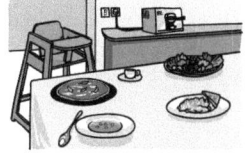

el comedor
salle à manger

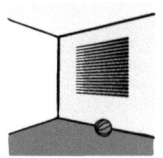

el suelo
sol

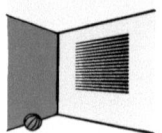

la pared
mur

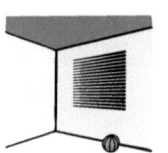

el techo
plafond

el sótano
cave

la sauna
sauna

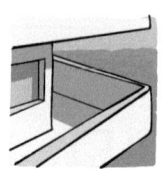

el balcón
balcon

la terraza
terrasse

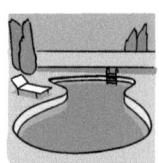

la piscina
piscine

el cortacésped
tondeuse à gazon

la sábana
housse

la colcha
couette

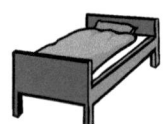

la cama
lit

la escoba
balai

el balde
sceau

el interruptor
interrupteur

la sala
salon

el papel pintado
papier peint
la imagen
image
la lámpara
lampe
el estante
étagère
el armario
armoire
la televisión
télé
la chimenea
cheminée
la flor
fleur
el cojín
coussin
el sofá
sofa
el jarrón
vase
el mando a distancia
télécommande

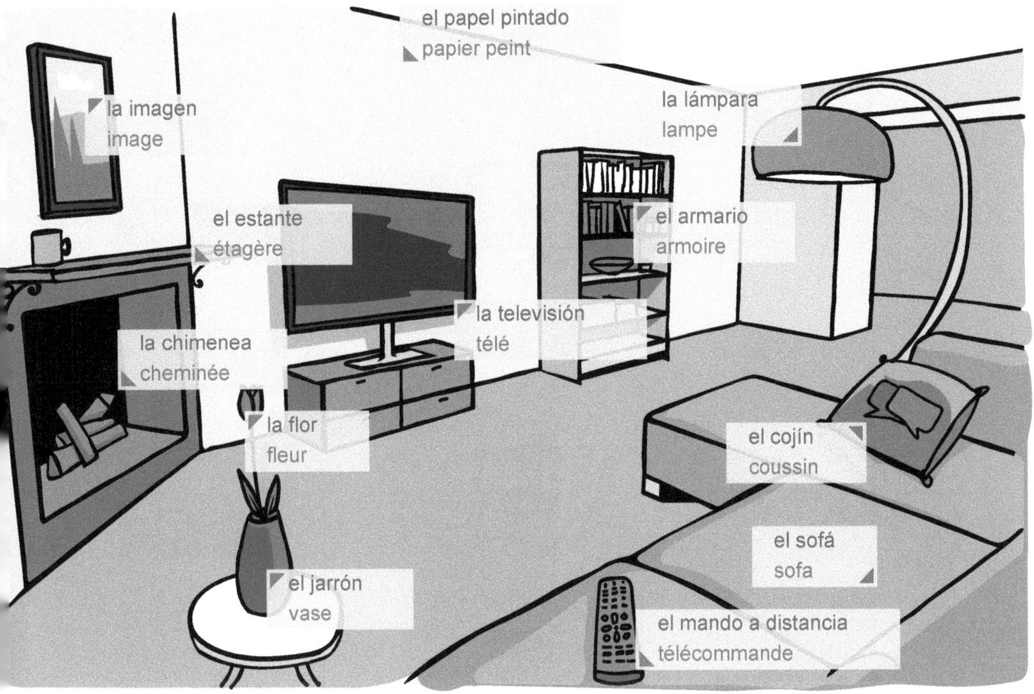

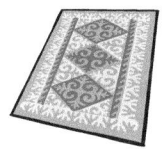

la alfombra

tapis

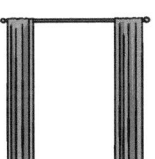

la cortina

rideau

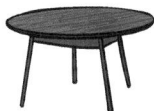

la mesa

table

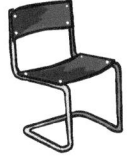

la silla

chaise

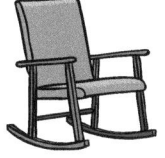

el mecedora

chaise à bascule

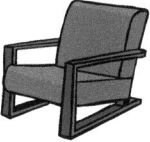

la butaca

fauteuil

el libro

livre

la manta

couverture

la decoración

décoration

la leña

bois de chauffage

la película

film

el equipo de música

chaîne hi-fi

la llave

clé

el periódico

journal

la pintura

peinture

el póster

poster

la radio

radio

el cuaderno

bloc-notes

la aspiradora

aspirateur

el cactus

cactus

la vela

bougie

la cocina
cuisine

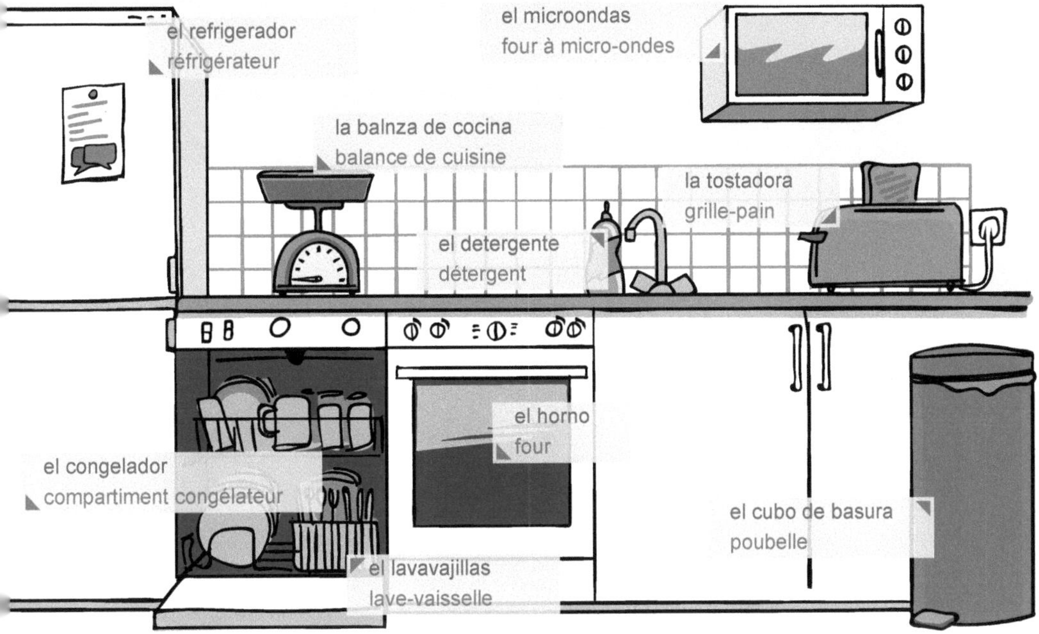

el refrigerador
réfrigérateur
el microondas
four à micro-ondes
la balnza de cocina
balance de cuisine
la tostadora
grille-pain
el detergente
détergent
el horno
four
el congelador
compartiment congélateur
el cubo de basura
poubelle
el lavavajillas
lave-vaisselle

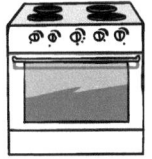

la olla a presión
....
four

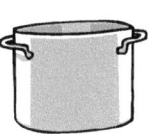

la olla
....
casserole

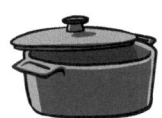

la olla de hierro fundido
....
marmite

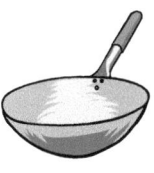

el wok
....
wok / kadai

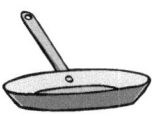

la cazuela
....
poêle

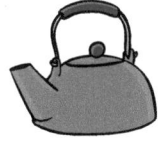

el hervidor
....
bouilloire electrique

la vaporera

cuiseur vapeur

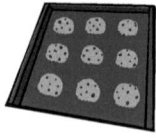

la chapa de horno

plaque de cuisson

la vajilla

vaisselle

la taza

gobelet

el tazón

coupe

los palillos

baguettes

el cucharón

louche

la espumadera

spatule

el batidor

fouet

el colador

passoire

el cedazo

tamis

el rallador

râpe

el mortero

mortier

la barbacoa

barbecue

la hoguera

cheminée

la tabla de picar

planche à découper

el rodillo

rouleau à pâtisserie

el sacacorchos

tire-bouchon

la lata

boîte

el abrelatas

ouvre-boîte

el agarrador

maniques

el lavabo

lavabo

el cepillo

brosse

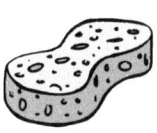

la esponja

éponge

la batidora

mixeur

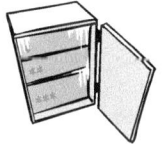

el congelador

congélateur

el biberón

biberon

el grifo

robinet

el cuarto de baño
salle de bain

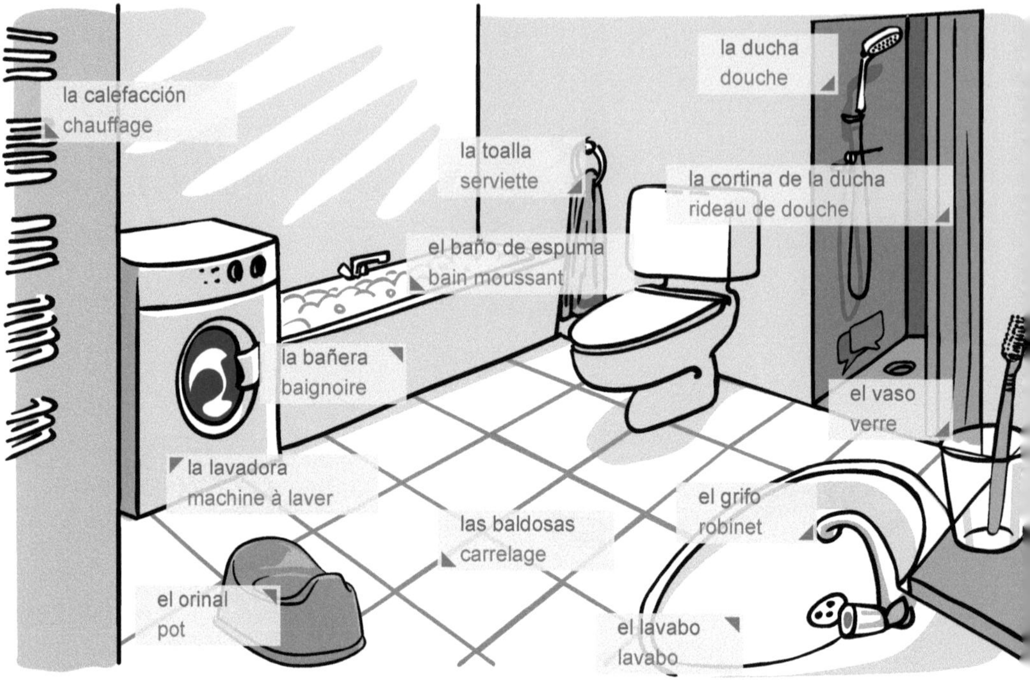
la ducha
douche
la calefacción
chauffage
la toalla
serviette
la cortina de la ducha
rideau de douche
el baño de espuma
bain moussant
la bañera
baignoire
el vaso
verre
la lavadora
machine à laver
el grifo
robinet
las baldosas
carrelage
el orinal
pot
el lavabo
lavabo

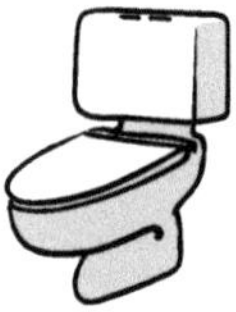

el inodoro

toilettes

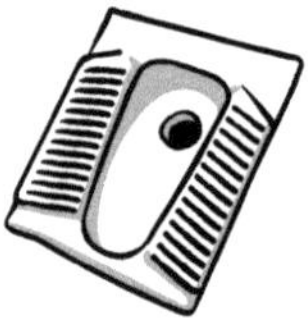

el inodoro rústico

toilette à la turque

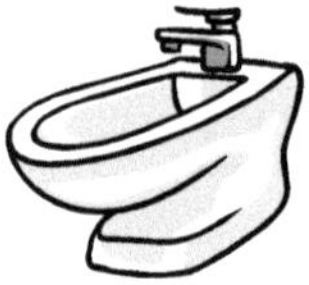

el bidé

bidet

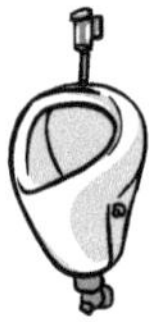

el urinario

urinoir

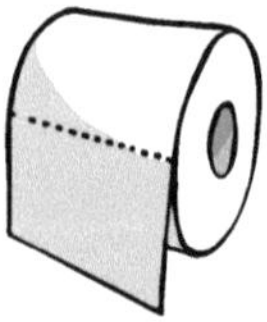

el papel higiénico

papier toilette

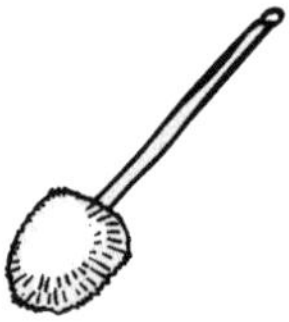

la escobilla del váter

brosse à toilette

el cepillo de dientes

brosse à dents

la pasta de dientes

dentifrice

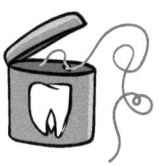

el hilo dental

fil dentaire

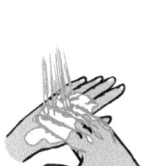

lavar

laver

la ducha de mano

douche manuelle

la ducha íntima

douche intime

la pila

vasque

el cepillo de espalda

brosse dorsale

el jabón

savon

el gel de ducha

gel douche

el champú

shampooing

la toallita

gant de toilette

el desagüe

écoulement

la crema

crème

el desodorante

déodorant

el espejo

miroir

el espejo de tocador

miroir cosmétique

la maquinilla de afeitar

rasoir

la espuma de afeitar

mousse à raser

la loción postafeitado

après-rasage

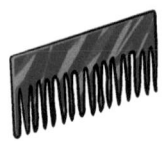

el peine

peigne

el cepillo

brosse

el secador

sèche-cheveux

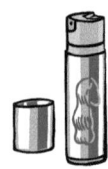

la laca

laque pour cheveux

el maquillaje

fond de teint

el pintalabios

rouge à lèvres

el pintauñas

vernis à ongles

el algodón

ouate

el cortauñas

coupe-ongles

el perfume

parfum

el estuche de viaje

trousse de toilette

la banqueta

tabouret

la balanza

pèse-personne

el albornoz

peignoir

los guantes de goma

gants de nettoyage

el tampón

tampon

la compresa

serviettes hygiéniques

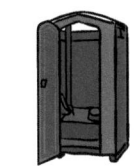

el inodoro químico

toilette chimique

la habitación de los niños

chambre d'enfant

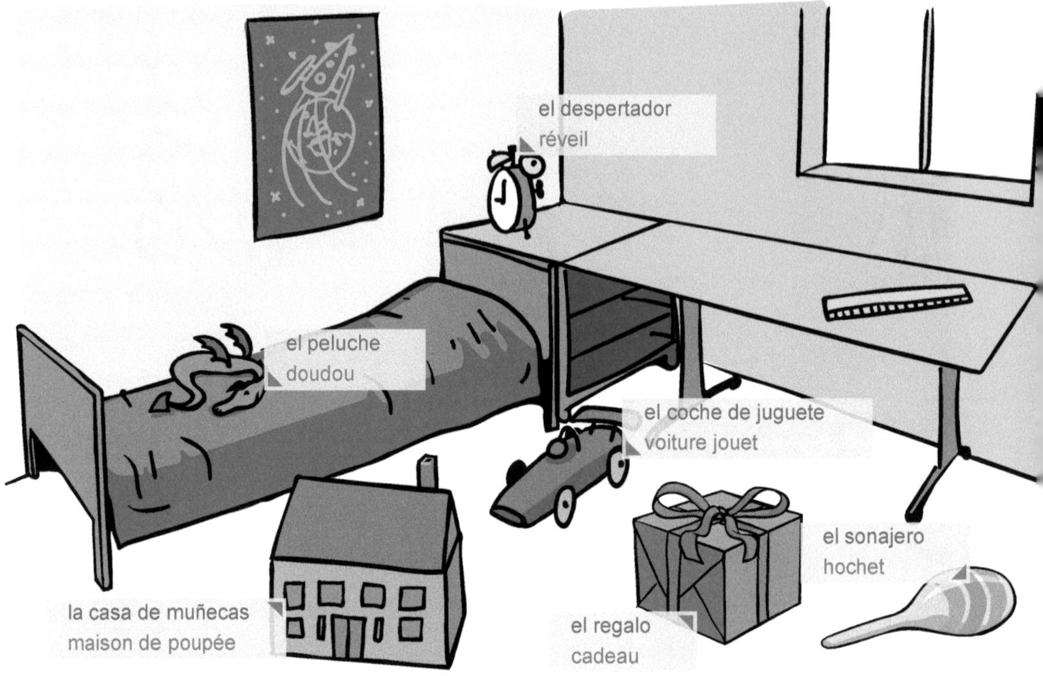

el despertador
réveil
el peluche
doudou
el coche de juguete
voiture jouet
el sonajero
hochet
la casa de muñecas
maison de poupée
el regalo
cadeau

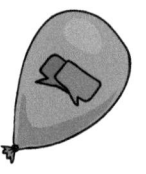

el globo

ballon

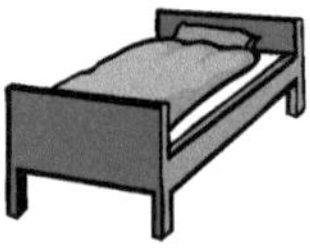

la cama

lit

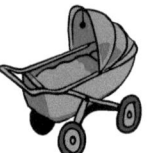

el coche de niño

poussette

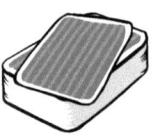

los naipes

jeu de cartes

el puzle

puzzle

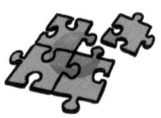

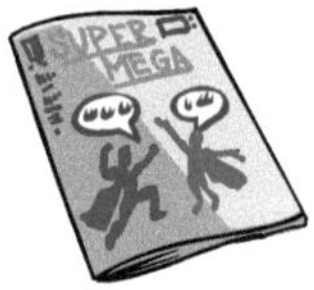

SUPER
MEGA

el tebeo

bande dessinée

las piezas de lego
pièces lego

los bloques de juguete
blocs de construction

la figura de acción
figurine

el bodi (de bebé)
grenouillère

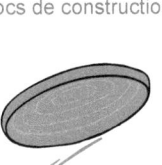

el frisbee
frisbee

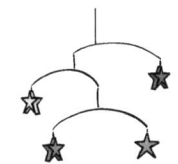

el colgador móvil para bebés
mobile

el juego de mesa
jeu de société

los dados
dé

el circuito de tren eléctrico
train miniature

el maniquí
sucette

la fiesta
fête

el álbum de fotos
livre d'images

la pelota
balle

la muñeca
poupée

jugar
jouer

el cajón de arena

bac à sable

el columpio

balançoire

los juguetes

jouets

la videoconsola

console de jeu

el triciclo

tricycle

el oso de peluche

ours en peluche

la guardarropa

armoire

la ropa

vêtements

los calcetines

chaussettes

las medias

bas

los leotardos

collant

la bufanda
écharpe

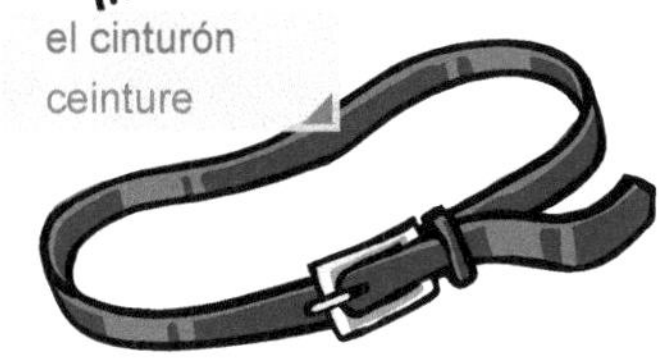

el cinturón
ceinture

el paraguas
parapluie

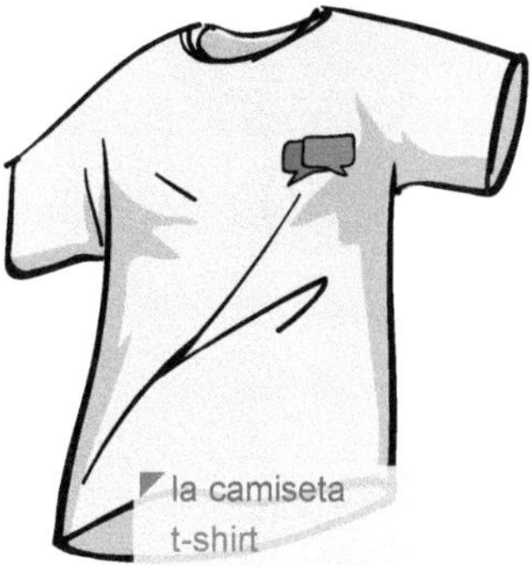

la camiseta
t-shirt

las deportivas
baskets

las botas
bottes

las zapatillas
pantoufles

las sandalias
sandales

los zapatos
chaussures

las botas de goma
bottes de caoutchouc

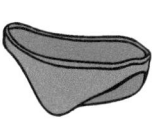
el slip
sous-vêtements

el sostén
soutien-gorge

el chaleco
maillot de corps

el bodi
body

los pantalones cortos
pantalon

los vaqueros
jean

la falda
jupe

la blusa
chemisier

la camisa
chemise

el jersey
pull

el suéter
sweat à capuche

el blazer
veste

la chaqueta
veste

el abrigo
manteau

la gabardina
imperméable

el traje
costume

el vestido
robe

el vestido de novia
robe de mariée

el traje

costume

el camisón

chemise de nuit

el pijama

pyjama

el sati

sari

el bandana

foulard

el turbante

turban

la burka

burqa

el caftán

caftan

la abaya

abaya

el traje de baño

maillot de bain

el bañador

maillot de bain

los pantalones cortos

short

el chándal

tenue d'entraînement

el delantal

tablier

los guantes

gants

el botón
bouton

las gafas
lunettes

el brazalete
bracelet

el collar
collier

el anillo
bague

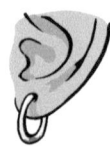

el pendiente
boucle d'oreille

la gorra
bonnet

la percha
cintre

el sombrero
chapeau

la corbata
cravate

la cremallera
fermeture éclair

el casco
casque

los tirantes
bretelles

el uniforme
uniforme scolaire

el uniforme
uniforme

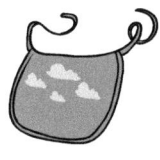

el babero

bavoir

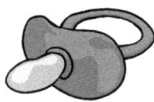

el maniquí

sucette

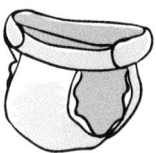

el pañal

lange

la oficina

bureau

el servidor
serveur
el archivo
armoire d'archivage
la impresora
imprimante
el papel
papier
el monitor
écran
el ratón
souris
el escritoria
bureau
la carpeta
classeur
el teclado
clavier
la papelera
corbeille à papier
el ordenador
ordinateur
la silla
chaise

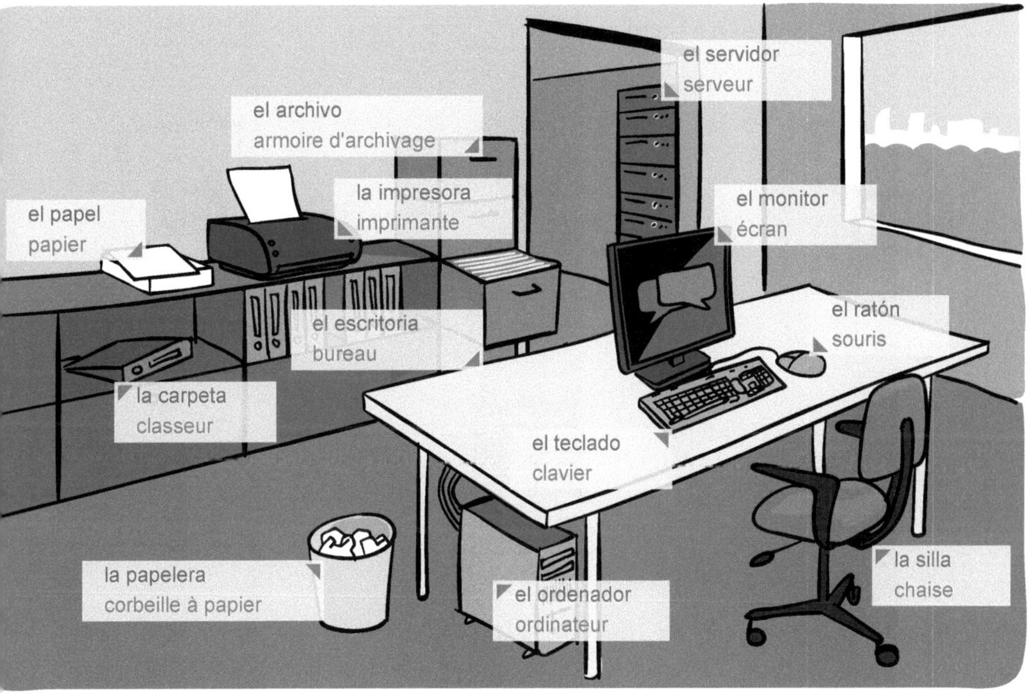

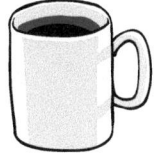

la taza de café

tasse de café

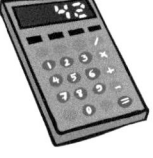

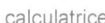

la calculadora

calculatrice

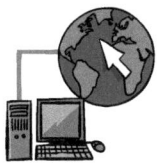

el internet

internet

el portátil

ordinateur portable

la carta

lettre

el mensaje

message

el móvil

portable

la red

réseau

la fotocopiadora

photocopieuse

el software

logiciel

el teléfono

téléphone

la toma de corriente

prise

el fax

fax

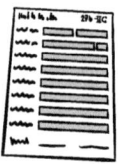

el formulario

formulaire

el documento

document

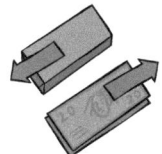

comprar

acheter

pagar

payer

comerciar

faire du commerce

el dinero

monnaie

 **USD**

el dólar

dollar

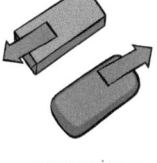 **EUR**

el euro

euro

 **JPY**

el yen

yen

 **RUB**

el rublo

rouble

 **CHF**

el franco suizo

franc suisse

 **CNY**

el renminbi yuan

renminbi yuan

 **INR**

la rupia

roupie

el cajero automático

distributeur automatique

la oficina de cambio de divisas

bureau de change

el oro

or

la plata

argent

el petróleo

pétrole

la energía

énergie

el precio

prix

el contrato

contrat

el impuesto

taxe

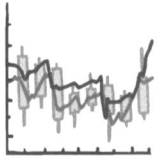

la acción

action

trabajar

travailler

el empleador

employé

el empleador

employeur

la fábrica

usine

la tienda de campaña

magasin

los oficios
professions

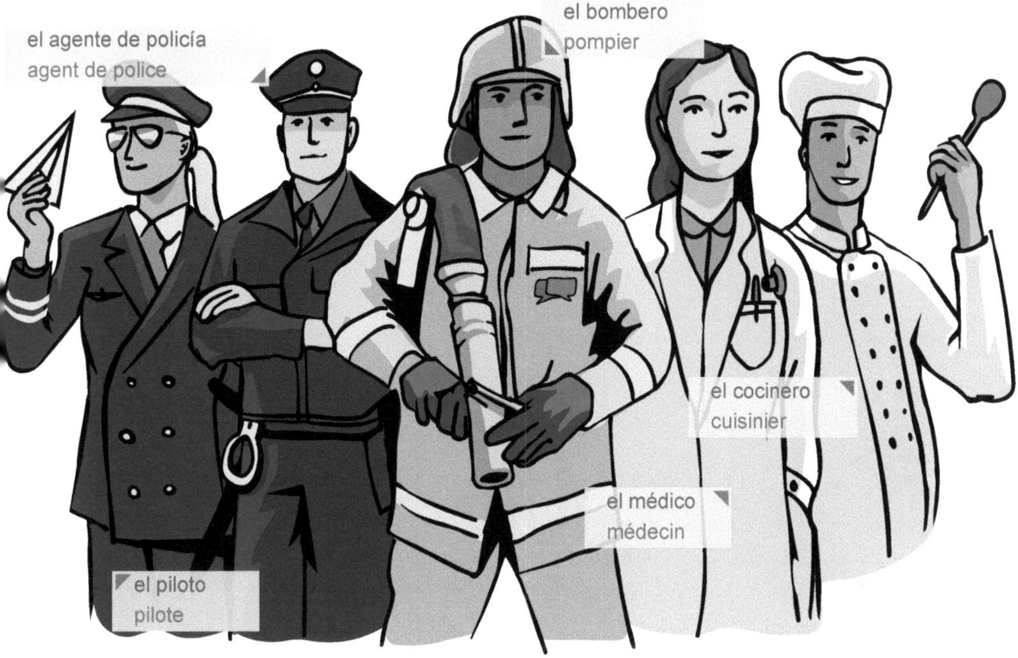
el agente de policía
agent de police
el bombero
pompier
el cocinero
cuisinier
el médico
médecin
el piloto
pilote

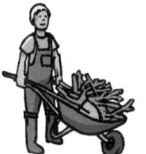

el jardinero

jardinier

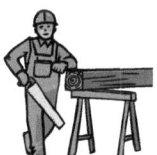

el carpintero

menuisier

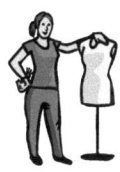

la costurera

couturière

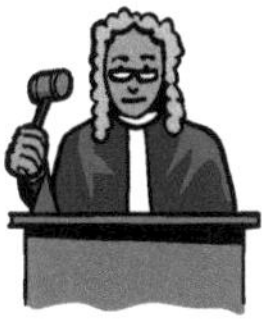

el juez

juge

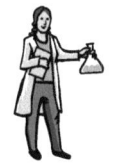

el farmacéutico

chimiste

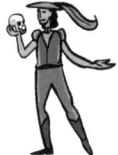

el actor

acteur

el conductor de autobús

conducteur de bus

el taxista

chauffeur de taxi

el pescador

pêcheur

la señora de la limpieza

femme de ménage

el techador

couvreur

el camarero

serveur

el cazador

chasseur

el pintor

peintre

el panadero

boulanger

el electricista

électricien

el obrero

ouvrier

el ingeniero

ingénieur

el carnicero

boucher

el fontanero

plombier

el cartero

facteur

el soldado

soldat

el arquitecto

architecte

el cajero

caissier

el florista

fleuriste

el peluquero

coiffeur

el revisor

contrôleur

el mecánico

mécanicien

el capitán

capitaine

el dentista

dentiste

el científico

scientifique

el rabino

rabbin

el imán

imam

el monje

moine

el sacerdote

prêtre

los oficios - professions

las herramientas
outils

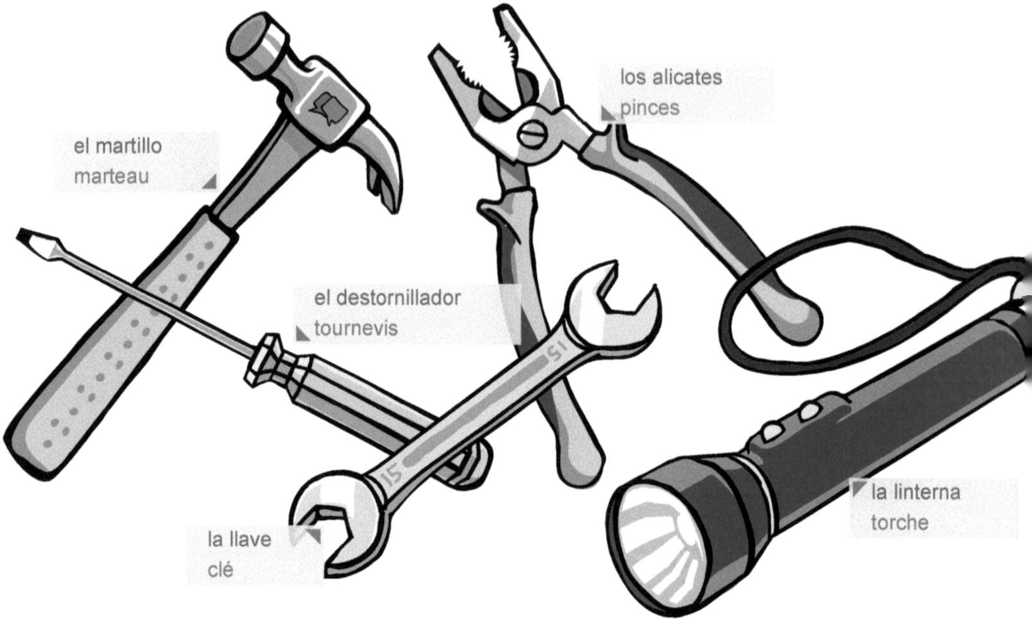

los alicates
pinces
el martillo
marteau
el destornillador
tournevis
la linterna
torche
la llave
clé

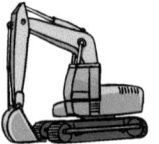

la excavadora

pelleteuse

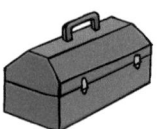

la caja de herramientas

boîte à outils

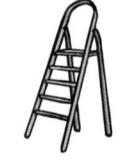

la escalera de mano

échelle

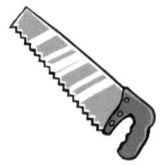

la sierra

scie

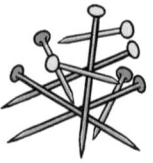

los clavos

clous

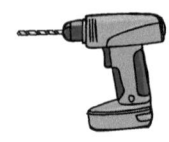

el taladro

perceuse

reparar

réparer

la pala

pelle

¡Maldita sea!

Mince !

el recogedor

pelle

el bote de pintura

pot de peinture

los tornillos

vis

los instrumentos musicales
instruments de musique

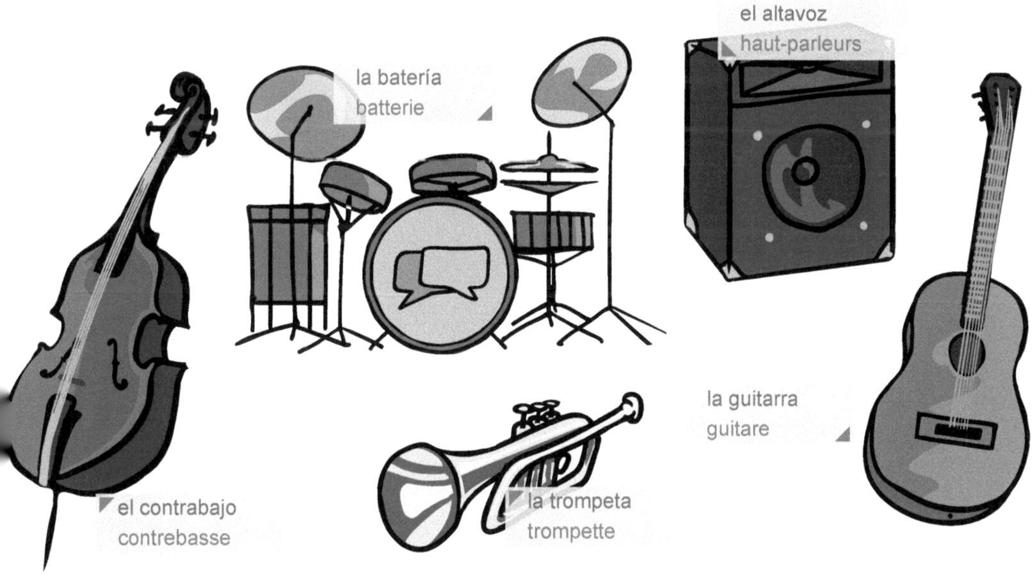

la batería
batterie

el altavoz
haut-parleurs

la guitarra
guitare

el contrabajo
contrebasse

la trompeta
trompette

el piano

piano

el violín

violon

bajo

basse

los timbales

timbales

el tambor

tambour

el teclado

piano électrique

el saxofón

saxophone

la flauta

flûte

el micrófono

microphone

el zoo

zoo

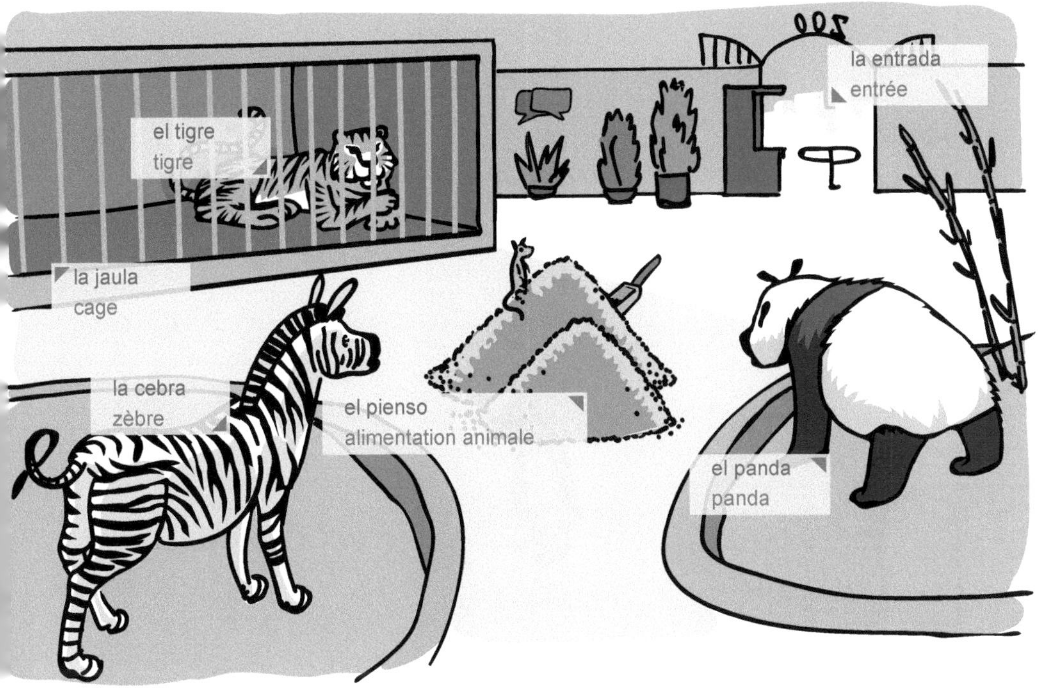
la entrada
entrée
el tigre
tigre
la jaula
cage
la cebra
zèbre
el pienso
alimentation animale
el panda
panda

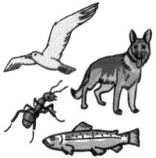

los animales

animaux

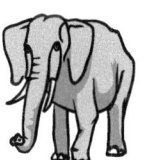

el elefante

éléphant

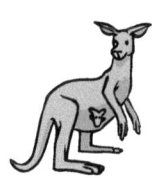

el canguro

kangourou

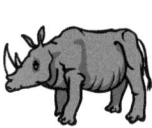

el rinoceronte

rhinocéros

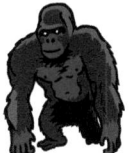

el gorila

gorille

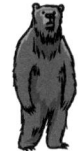

el oso

ours

el camello

chameau

el avestruz

autruche

el león

lion

el mono

singe

el flamingo

flamand rose

el loro

perroquet

el oso polar

ours polaire

el pingüino

pingouin

el tiburón

requin

el pavo real

paon

la serpiente

serpent

el cocodrilo

crocodile

el guardián de zoológico

gardien de zoo

la foca

phoque

el jaguar

jaguar

el poni

poney

el leopardo

léopard

el hipopótamo

hippopotame

la jirafa

girafe

el águila

aigle

el jabalí

sanglier

el pescado

poisson

la tortuga

tortue

la morsa

morse

el zorro

renard

la gacela

gazelle

el fútbol americano
american Football

el ciclismo
cyclisme

el tenis
tennis

el baloncesto
basket-ball

la natación
natation

el boxeo
boxe

el hockey sobre hielo
hockey sur glace

el fútbol

football

el bádminton

badminton

el atletismo

athlétisme

el balonmano

handball

el esquí

ski

el polo

polo

las actividades
activités

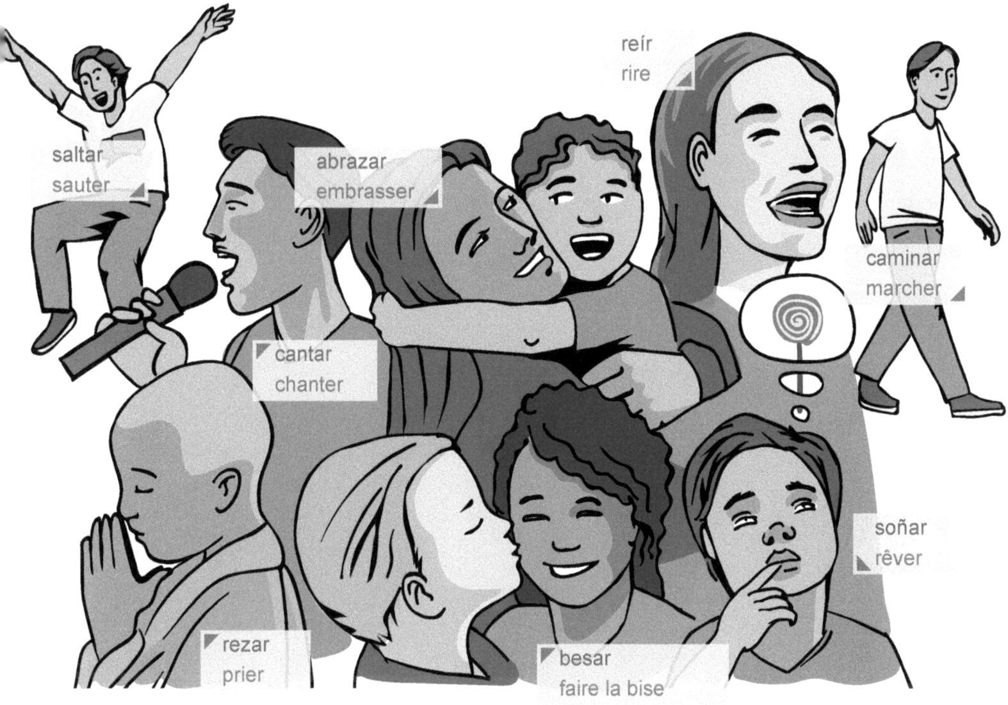

saltar
sauter
abrazar
embrasser
reír
rire
caminar
marcher
cantar
chanter
soñar
rêver
rezar
prier
besar
faire la bise

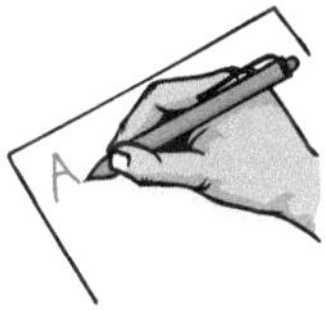

escribir
écrire

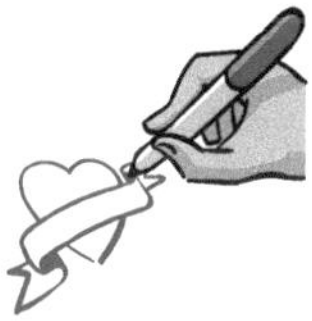

dibujar
dessiner

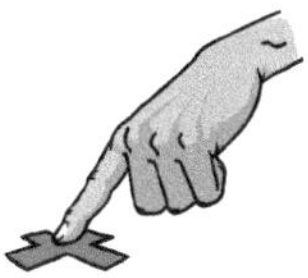

mostrar
montrer

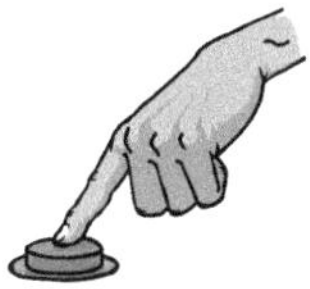

empujar
pousser

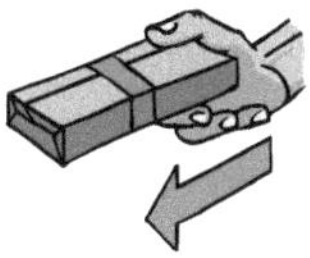

dar
donner

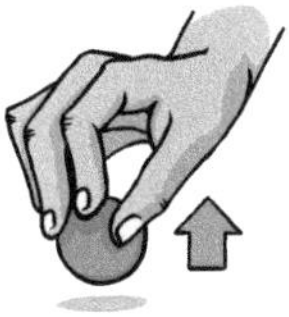

tomar
prendre

tener
avoir

hacer
faire

ser
être

estar de pie
être debout

correr
courir

tirar
trier

tirar
jeter

caer
tomber

yacer
être couché

esperar
attendre

llevar
porter

estar sentado
être assis

vestirse
s'habiller

dormir
dormir

despertar
se réveiller

mirar

regarder

llorar

pleurer

acariciar

caresser

peinar

peigner

hablar

parler

entender

comprendre

preguntar

demander

escuchar

écouter

beber

boire

comer

manger

ordenar

ranger

amar

aimer

cocinar

cuire

conducir

conduire

volar

voler

navegar

faire de la voile

calcular

calculer

leer

lire

aprender

apprendre

trabajar

travailler

casarse

se marier

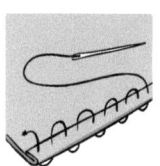

coser

coudre

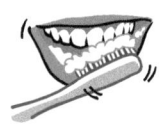

cepillarse los dientes

brosser les dents

matar

tuer

fumar

fumer

enviar

envoyer

la abuela
grand-mère

el abuelo
grand-père

el padre
père

la madre
mère

el bebé
bébé

la hija
fille

el hijo
fils

el invitado

hôte

la tía

tante

el tío

oncle

el hermano

frère

la hermana

sœur

el cuerpo

corps

la frente
front
el ojo
œil
el hombro
épaule
el dedo
doigt
la cara
visage
la barbilla
menton
la mano
main
el pecho
poitrine
la pierna
jambe
el brazo
bras

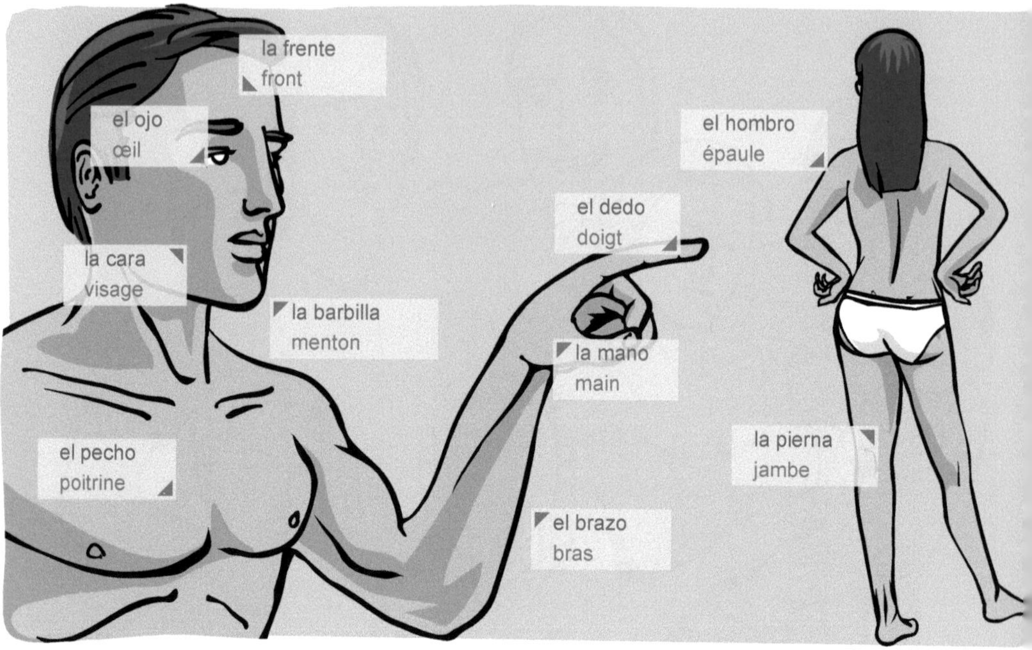

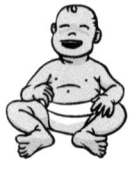

el bebé
bébé

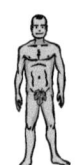

el hombre
homme

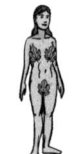

la mujer
femme

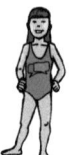

la chica
fille

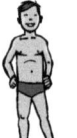

el chico
garçon

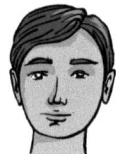

la cabeza
tête

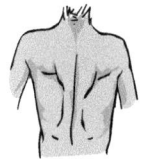

la espalda
dos

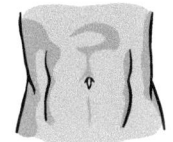

el vientre
ventre

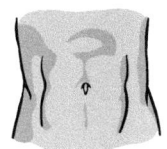

el ombligo
nombril

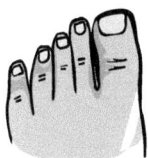

el dedo del pie
orteil

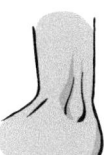

el talón
talon

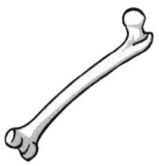

el hueso
os

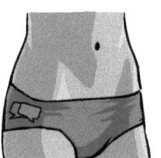

la cadera
hanche

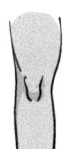

la rodilla
genou

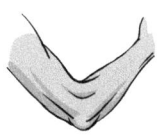

el codo
coude

la nariz
nez

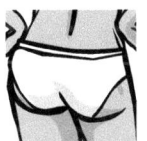

el trasero
fesses

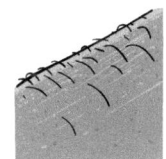

la piel
peau

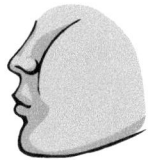

la mejilla
joue

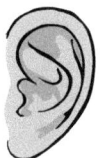

el oído
oreille

el labio
lèvre

el cuerpo - corps

69

la boca

bouche

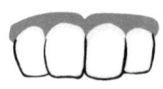

el diente

dent

la lengua

langue

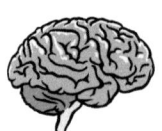

el cerebro

cerveau

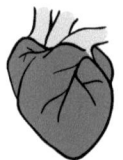

el corazón

cœur

el músculo

muscle

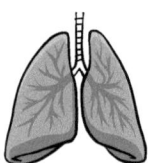

el pulmón

poumons

el hígado

foie

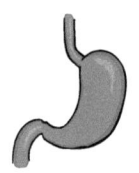

el estómago

estomac

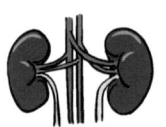

los riñones

reins

el sexo

rapport sexuel

el condón

préservatif

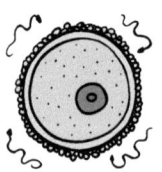

el ovario

ovule

el semen

sperme

el embarazo

grossesse

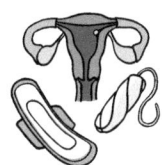

la menstruación

menstruation

la vagina

vagin

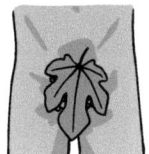

el pene

pénis

la ceja

sourcil

el pelo

cheveux

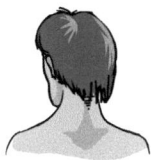

el cuello

cou

el hospital
hôpital

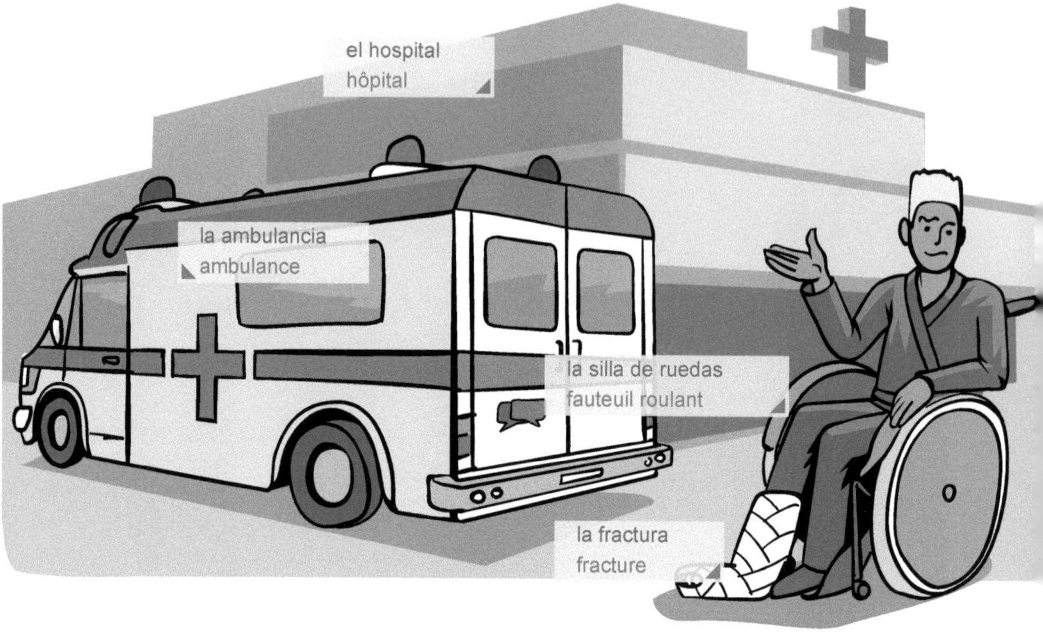

el hospital
hôpital
la ambulancia
ambulance
la silla de ruedas
fauteuil roulant
la fractura
fracture

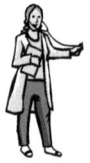

el médico
médecin

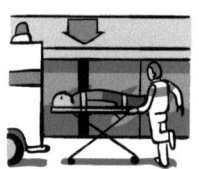

la sala de urgencias
service des urgences

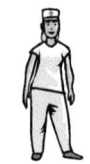

la enfermera
infirmière

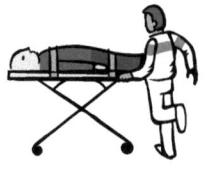

la urgencia
urgence

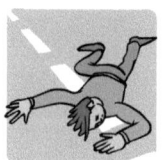

inconsciente
inconscient

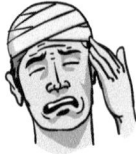

el dolor
douleur

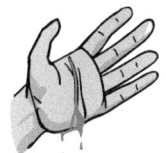

la lesión
blessure

la hemorragia
hémorragie

el infarto
crise cardiaque

el ictus
attaque cérébrale

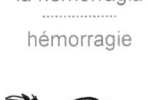

la alergia
allergie

la tos
toux

la fiebre
fièvre

la gripe
grippe

la diarrea
diarrhée

el dolor de cabeza
mal de tête

el cáncer
cancer

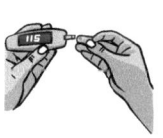

la diabetes
diabète

el cirujano
chirurgien

el bisturí
scalpel

la operación
opération

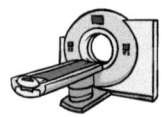

TAC
CT

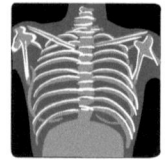

los rayos x
radiographie

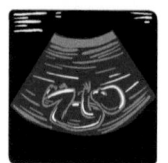

el ultrasonido
échographie

la mascarilla
masque

la enfermedad
maladie

la sala de espera
salle d'attente

la muleta
béquille

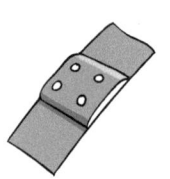

la tirita
pansement

la venda
pansement

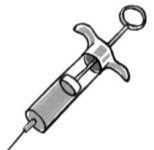

la inyección
injection

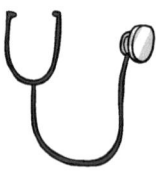

el estetoscopio
stéthoscope

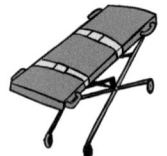

la camilla
brancard

el termómetro
thermomètre

el nacimiento
accouchement

el sobrepeso
surcharge pondérale

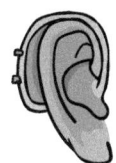

el audífono

appareil auditif

el desinfectante

désinfectant

la infección

infection

el virus

virus

VIH / SIDA

VIH / sida

la medicina

médicament

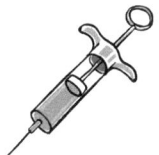

la vacunación

vaccination

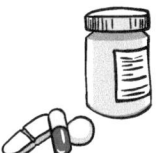

las tabletas

comprimés

la pastilla

pilule

la llamada de urgencia

appel d'urgence

el tensiómetro

tensiomètre

enfermo / sano

malade / sain

¡Socorro!

Au secours !

la alarma

alarme

el asalto

assaut

el ataque

attaque

el peligro

danger

la salida de emergencia

sortie de secours

¡Fuego!

Au feu!

el extintor de incendios

extincteur

el accidente

accident

el botiquín de primeros
auxilios

trousse de premier secours

SOS

SOS

la policía

police

Europa

Europe

Norteamérica

Amérique du Nord

Sudamérica

Amérique du Sud

África

Afrique

Asia

Asie

Australia

Australie

el atlántico

Océan atlantique

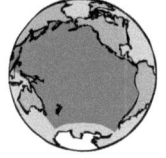

el Pacífico

Océan pacifique

el Océano Índico

Océan indien

el Océano Antártico

Océan antarctique

el Océano Ártico

Océan arctique

el polo norte

pôle nord

el polo sur

pôle sud

La Antártida

Antarctique

la tierra

terre

la tierra

pays

el mar

mer

la isla

île

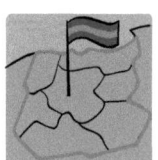

la nación

nation

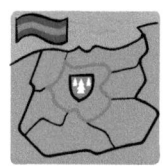

el estado

état

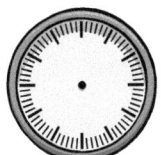

la esfera

cadran

la manecilla de las horas

aiguille des heures

el minutero

aiguille des minutes

el segundero

aiguille des secondes

¿Qué hora es?

Quelle heure est-il ?

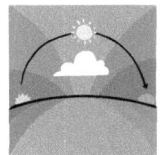

el día

jour

el tiempo

temps

ahora

maintenant

el reloj digital

montre digitale

el minuto

minute

la hora

heure

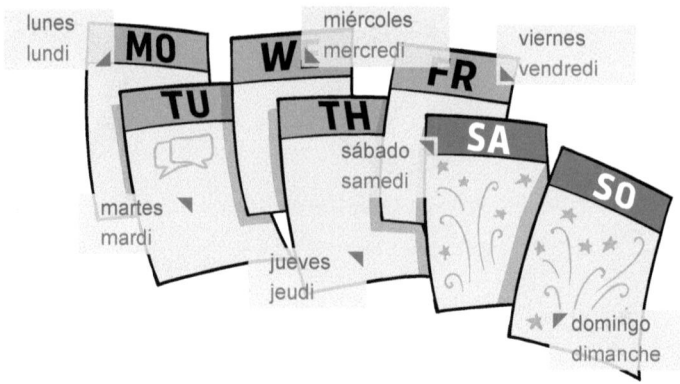

lunes / lundi — MO
martes / mardi — TU
miércoles / mercredi — W
jueves / jeudi — TH
viernes / vendredi — FR
sábado / samedi — SA
domingo / dimanche — SO

ayer

hier

hoy

aujourd'hui

mañana

demain

la mañana

matin

el mediodía

midi

la tarde

soir

MO	TU	WE	TH	FR	SA	SU
1	2	3	4	5	6	7
8	9	10	11	12	13	14
15	16	17	18	19	20	21
22	23	24	25	26	27	28
29	30	31	1	2	3	4

los días laborables

jours ouvrables

MO	TU	WE	TH	FR	SA	SU
1	2	3	4	5	6	7
8	9	10	11	12	13	14
15	16	17	18	19	20	21
22	23	24	25	26	27	28
29	30	31	1	2	3	4

el fin de semana

week-end

el año
année

la lluvia
pluie
el arcoíris
arc-en-ciel
la nieve
neige
el viento
vent
la primavera
printemps
el otoño
automne
el verano
été
el invierno
hiver

4.APRIL 11°
5.APRIL 4°
6.APRIL 13°
7.APRIL 8°
8.APRIL 10°

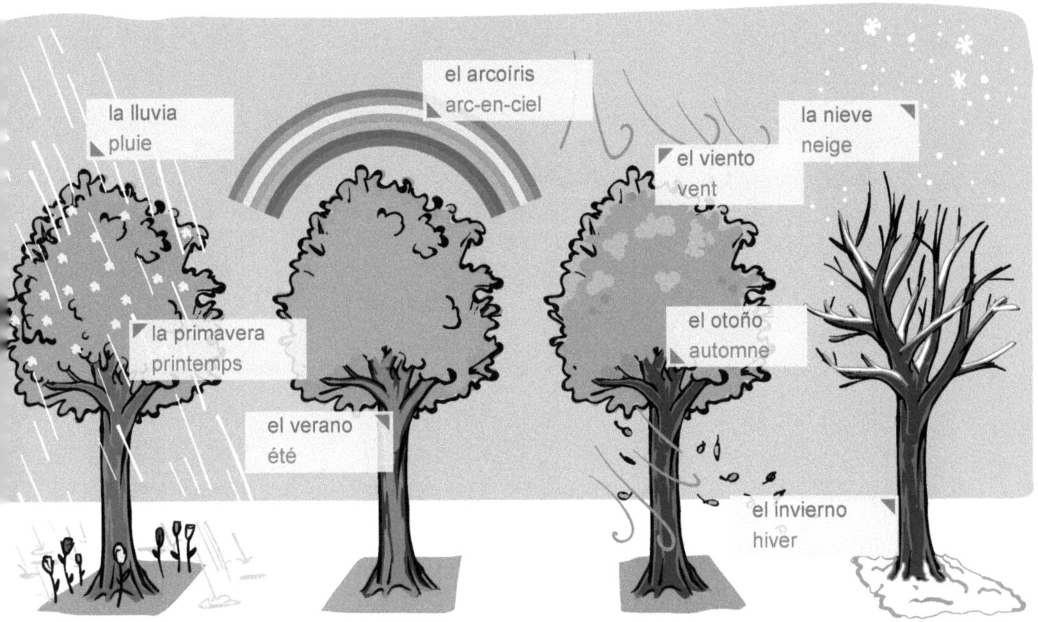

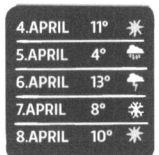

el pronóstico del tiempo

météo

F
C
120
90
60
30
0
-30
40
30
20
10
0
-10
-20

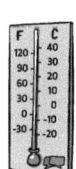

el termómetro

thermomètre

el sol

lumière du soleil

la nube

nuage

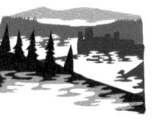

la niebla

brouillard

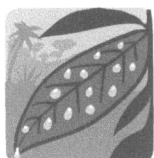

la humedad

humidité

el rayo

foudre

el trueno

tonnerre

la tormenta

tempête

el granizo

grêle

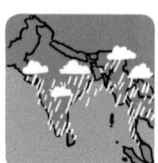

el monzón

mousson

la inundación

inondation

el hielo

glace

enero

janvier

febrero

février

marzo

mars

abril

avril

mayo

mai

junio

juin

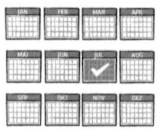

julio

juillet

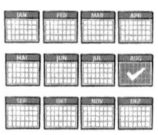

agosto

août

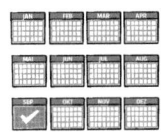

septiembre
septembre

octubre
octobre

noviembre
novembre

diciembre
décembre

las formas
formes

el círculo
cercle

el cuadrado
carré

el rectángulo
rectangle

el triángulo
triangle

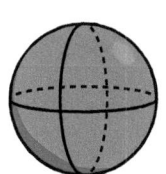

la esfera
sphère

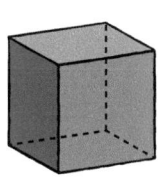

el cubo
cube

blanco
....
blanc

amarillo
....
jaune

anaranjado
....
orange

rosa
....
rose

rojo
....
rouge

morado
....
violet

azul
....
bleu

verde
....
vert

marrón
....
marron

gris
....
gris

negro
....
noir

mucho / poco

beaucoup / peu

enojado / tranquilo

fâché / calme

bonito / feo

joli / laid

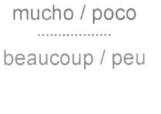

principio / fin

début / fin

grande / pequeño

grand / petit

claro / oscuro

clair / obscure

el hermano / la hermana

frère / soeur

limpio / sucio

propre / sale

completo / incompleto

complet / incomplet

el día / la noche

jour / nuit

muerto / vivo

mort / vivant

ancho / estrecho

large / étroit

comestible / no comestible

comestible / incomestible

malo / amable

méchant / gentil

entusiasmado / aburrido

excité / ennuyé

gordo / delgado

gros / mince

primero / último

premier / dernier

el amigo / el enemigo

ami / ennemi

lleno / vacío

plein / vide

duro / blando

dur / souple

pesado / ligero

lourd / léger

el hambre / la sed

faim / soif

enfermo / sano

malade / sain

ilegal / legal

illégal / légal

inteligente / tonto

intelligent / stupide

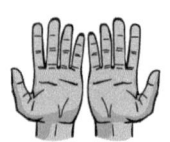

izquierda / derecha

gauche / droite

cerca / lejos

proche / loin

nuevo / usado
nouveau / usé

nada / algo
rien / quelque chose

viejo / joven
vieux / jeune

encendido / apagado
marche / arrêt

abierto / cerrado
ouvert / fermé

silencioso / ruidoso
faible / fort

rico / pobre
riche / pauvre

correcto / incorrecto
correct / incorrect

áspero / suave
rugueux / lisse

triste / contento
triste / heureux

corto / largo
court / long

lento / rápido
lent / rapide

húmedo / seco
mouillé / sec

cálido / frío
chaud / froid

guerra / paz
guerre / paix

los opuestos - oppositions

0

cero

zéro

1

uno

un / une

2

dos

deux

3

tres

trois

4

cuatro

quatre

5

cinco

cinq

6

seis

six

7

siete

sept

8

ocho

huit

9

nueve

neuf

10

diez

dix

11

once

onze

12

doce

douze

13

trece

treize

14

catorce

quatorze

15

quince

quinze

16

dieciséis

seize

17

diecisiete

dix-sept

18

dieciocho

dix-huit

19

diecinueve

dix-neuf

20

veinte

vingt

100

cien

cent

1.000

mil

mille

1.000.000

el millón

million

los números - nombres

el inglés

anglais

el inglés americano

anglais américain

el chino madarín

chinois mandarin

el hindi

hindi

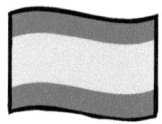

el español

espagnol

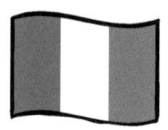

el francés

français

el árabe

arabe

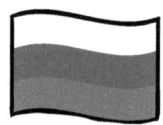

el ruso

russe

el portugués

portugais

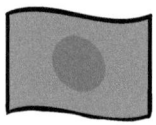

el bengalí

bengali

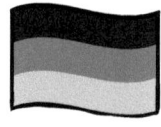

el alemán

allemand

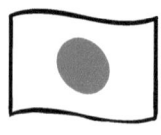

el japonés

japonais

yo

je

tú

tu

él / ella / ello

il / elle / ce, c', cela

nosotros/as

nous

vosotros/as

vous

ellos/as

ils / elles

¿quién?

Qui ?

¿qué?

Quoi ?

¿cómo?

Comment ?

¿dónde?

Où ?

¿cuándo?

Quand ?

el nombre

nom

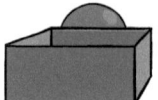

detrás

derrière

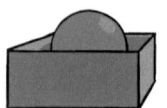

en

dans

delante de

devant

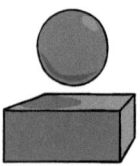

por encima de

au-dessus

sobre

sur

debajo de

en-dessous

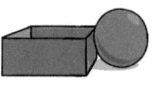

junto a

à côté de

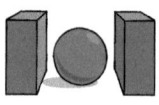

entre

entre

el lugar

lieu